캘리로 읽은 시

캘리로 읽은 시

이원 엮음 | **최선영** 캘리그라피

시인동네

프롤로그

월간 《시인동네》를 통해 세상에 나온 시들이 한데 묶였다. 다양하게 읽을 수 있어 즐거웠다. 2017년에 등단한 젊은 시인부터 원로 시인까지 서로 다른 세계관 앞에 독자가 아닌 엮는 사람으로 서게 되었다. 말에서 창문으로, 설탕에서 복숭아로, 통조림에서 쌀벌레로, 기타의 보라색 전류와 고양이로 펼쳐지는 시들이 여기 있다. 반복해서 읽다 보니 쓰는 사람의 자리로 돌아가게 되었다. 이미 너무 많이 존재하는 세계들 가운데 어떤 시를 써야 하는가, 이 질문의 자리로 엮는 일은 나를 다시 데리고 왔다.

소재나 작법은 저자가 의식적으로 선택하는 것이지만 시가 완성되는 과정은 선택되는 것에 가깝다. 시가 움직이는 쪽으로 몸을 숙이고 인도되는 것이다. 개인이 무수히 초대하고 저항하고 밀어내던 일들, 그러니까 아주 특수하고 구체적이어서 다 이해하지 못 하는 사건과 속내들이 시라는 언어로 돌출되는 것이다. 돌출된 언어들이 모이면, 시를 뚫고 나와 한 사람에게만 전유되는 방식으로 다시 얼굴이 되고 몸이 된다. 쓰는 이도 읽는 이도 몰랐던 방식들로, 우린 같은 시를 읽고도 각자의 시를 갖게 된다. 상이하게 출몰하는 그 돌기들이 우리가 시를 읽는 이유이겠다.

시는 타 장르와 구별된다. 읽는 방의 조도, 음악, 빈 기분의 여부나 그날 슬픔의 총면적 같은 것들이 전부 시의 실루엣에 개입한다. 전날 밀어낸 시가 다음날 우릴 무너뜨리기도 하고 한 시절을 쥐고 있던 시를 며칠 만에 놓치기도 한다. 시가 가지는 가변성과 시간성을 염두에 두고 읽어주셨으면

한다. 오늘 나의 것이 아니었다 해서 영영 나의 것이 되지 않는 것도 아니니까.

 조금 다른 구성으로 책을 엮었다. 함께 읽는 자의 입장으로 미리 가담하고 소개하며 다시 함께 읽는 방식으로. 다양하게, 천천히 읽었으면 하는 바람이 있다. 문장 단위로 소화하는 것도 방식이겠고 한두 편 단위로 읽거나 듬성듬성 읽는 것도 방식이겠다. 자신의 호흡으로 읽어주시라. 다 다르게 생긴 시의 처마들과 그 끝에 달린 풍광을 평소 선호하는 기호에 맞추시기보다, 한 편 한 편이 만드는 시의 모서리를 들여다보고 느끼실 수 있으면 좋겠다. 네 가지 주제로 나뉘었지만 낱개의 작품이 아니라 구체적인 한 사람의 세계로 읽어주셨으면 좋겠다. 스스로의 탄식을 들여다보게 된다면 더할 나위 없겠다. 그리고 텍스트를 벗어나 캘리그라피와 이미지 등 다른 몸으로 태어난 이 시들을, 장르 사이사이의 감흥과 함께 느껴주시길 바란다.

 누군가에게는 읽는 일과 쓰는 일의 간격이 좁혀지는 계기가 되기를. 쓰게 되기를. 다시 읽게 되기를. 조금 정돈되고, 보다 혼돈되어 다른 얼굴로 만나길 소원해본다.

엮은이
이원 | 시인

차례_

프롤로그

**제1부
나를 버릴 수 없어서**

함민복_ 부러운 울음소리 · 14
박도희_ 무(無)의 주소 · 16
전윤호_ 위리안치 · 20
김도연_ 내일이라는 버스 · 22
박헌호_ 사글세 · 26
배지영_ 역사 · 28
노미영_ 끌 수 없는 이야기 · 32
황성희_ 출구 없음의 마술 · 36
이장욱_ 의상 · 40
종정순_ 질경이의 감정 · 44
최문자_ 퇴장 · 48
이우걸_ 카페 피렌체에서 · 52
송영희_ 놓치다 · 54
유성애_ 예각의 힘 · 58
조창환_ 맹목에 관하여 · 62
박남희_ 나를 버릴 수 없어서 · 64

제2부
아직도 그리움을 하십니까

문정희_ 그러던 어느 날 · 72

배영옥_ 담쟁이 · 74

전동균_ 그래서 저는 · 76

조상호_ 성신여대역 · 80

박시교_ 가을 길목에서 · 82

김지헌_ 귀가 아프다 · 84

김승강_ 그가 궁금하다 · 86

권현형_ 어제보다 비밀이 많아졌다 · 88

이동훈_ 길 끝 보리술집 · 92

신효순_ 달 · 96

이동화_ 슬픈 사이 · 100

박숙경_ 모차르트 Piano Concerto No. 23 속에 · 104

황성규_ 흔적의 기억 · 108

이선균_ 뒷골목 · 112

정일근_ 선물 · 116

제3부
너는 눈부시지만 나는 눈물겹다

고　영_ 백지・122

우대식_ 정선을 떠나며・126

신혜정_ 우리는 우리의 몰락 앞에 유적이라 이름 붙이고・128

김정진_ 바깥의 바깥・132

김소현_ 동지(冬至)・136

윤진화_ 다시, 시다・138

조영란_ 냄비에 대한 반론・142

김형미_ 잔 받침・146

배진우_ 저녁에는 담장이 자란다・148

임호상_ 붉은 그녀, 동백・152

한이나_ 파랑의 형식・154

장시우_ 물이 묻는다・158

이윤정_ 라일락과 한철・162

서정연_ 친절하게도・166

문인수_ 적설・170

제4부
바다가 우리를 데려다 주리라

이재훈_ 바람의 손자국 · 176
이혜미_ 눈송이의 감각 · 180
권달웅_ 근성 · 184
홍지헌_ 나무는 꽃을 놓아주었으나 · 188
신동혁_ 발화 · 190
고주희_ 현기증 · 192
하 린_ 푸시(push) · 196
김경성_ 망고나무와 검은 돌 · 200
박기섭_ 뻐꾸기 울음 속의 찬밥 한 끼 · 204
김추인_ 바다가 우리를 데려다 주리라 · 208
한현수_ 빨간 사과가 학술원에 드리는 보고 · 212
김경철_ 나는 목검에서 나는 바람 소리를 좋아한다 · 214
박희수_ 복사꽃이 떠내려 온 근원(根源) · 218
이정원_ 묘생(猫生)에 관한 질문 · 222
김재근_ 달과 6펜스 앤드 고양이 · 226

에필로그

제1부

나를 버릴 수 없어서

이원

　사는 일에 필요한 최소한의 것들에 대해 생각한다. 제대로 살고 있지 못하다고 느낄 때 이런 생각이 든다. 나의 의지들은 항상 나와 너무 가까이 있다. 일상이라는 명목으로 발발하는 것들은 나를 껴안기도, 가리기도 하지만 그렇다고 전부 내가 되는 것은 아니다. 우리는 우리에게 무엇이 될 수 있나. 돌이켜보면 계속 치열하게 무언가 했던 것 같은데 결국 할 수 있는 최선은 오늘의 자리로 돌아오는 것이었다. 계속 쓰지만 끝없이 첫 문장을 찾는 것처럼.

　생활이 사는 일을 가로지르는 지점에 서 있다. 나는 어떤 손이 될 수 있을까. 쓰는 일이 사는 일의 전부가 될 수 있을까. 전부란 어떻게 성취되는 걸까. 쓰는 데만 치우쳤던 시간들을 생각한다. 쓰는 일이 곧 사는 일이라 생각했었는데, 생각이 바뀌었다. 부쩍 쓰는 일을 미뤄두고 사는 데 주력하고 싶다. 누군가의 그늘이 되는 데 힘을 다하고 싶다. 앞뒤

제1부 나를 버릴 수 없어서

다 제쳐두고 쓰는 일에만 매달렸으면서 사는 데 몰두하고 있다는 생각을 했었다. 두 가지 다른 일을 동일하게 여겼다. 쓰기 전에 살아야 한다. 살 것이다. 잘 감당해내거나, 그러다 달아나거나 그 외 실패하는 무수한 방식 몇몇은 기록될 수도 있겠다. 시가 될 수도 있겠다. 시인이기 전에, 한 사람으로서, 남편으로서, 친구로서, 동료로서, 시민으로서 힘을 다하고 싶다.

 개인이 할 수 있는 일은 대개 너무 작고 생활이라는 가방은 너무 크지만 그 간격을 잘 지킬 때 우린 시를 품을 수도 있겠다. 사는 일로부터 시를 지킬 수도 있겠다. 시가 우리를 지킬 수도 있겠다.

14_
함민복

부러운 울음소리

● 함민복

비행기가 이륙하자
애기들이 운다

저
울음소리

세상에 태어나며
한 생애를 이륙하며

터트렸던
울음엔진 소리

아직
싱싱 남았어라

16_
박도희

춤을 출수없어서
바람이분다

무(無)의 주소

●박도희

(웃는 아이들이 배경으로 있다)

직감의 버스를 타고

여럿이 웅성거릴 틈 없이

더 멀리, 더 가까이에 대한 충족을 향하여

간다

꿈, 목표, 기적이 증발하는 이 신비는 산문일까 시일까 묻는 건

습관이다

내 숨이 멎으면 풍광의 새 파노라마가 펼쳐질 거라는 거짓이 가면을 쓰고

달린다

>

시원한 바람이 불어요 시원한 바람이 불어요 시원한 바람이 불어요……

죽음의 갓길에서 마주한 새 주문(呪文)과 동행한다

춤을 출 수 없어 바람이 분다

(우는 아이들이 배경으로 따라온다)

성마르게 버스를 굴리는 길을 위하여

뜬구름 잡을 어떤 대화가 필요할지도 모른다고 느낀다

텅 빈 무대에 가기 전 주인공을 태우려면 좀 더 달려야 하므로

발등 찍을 넋 같은 게 순간 등장해야 한다

위리안치

● 전윤호

울타리에 가시나무 심고
스스로 위리안치 된다
풀려날 수 없는 죄
널 향한 마음
서책은 열지 않아 곰팡이 슬고
헝클어진 머리 혜성처럼 불타네
답답한 세상에 맞선
이 짧은 한 생 지나가면
제장마을* 벼랑에도 물길이 뚫리고
용이 승천하며 남긴 발톱 보게 되리니
부디 나를 잊어라
지금은 고통이 적당하구나

---

*제장마을: 정선의 강과 벼랑으로 둘러싸인 마을.

갸캄한 의자에 앉아
꽃잎을 센다

내일이라는 버스

● 김도연

막차를 놓친 손에
승차권이 아닌 바퀴가 달렸으면 좋겠어.
다음 버스는 내일.
희망 버스는 내일.

내일을 기약할 수 없는 벚나무 꽃잎들이 우르르 몰려온다.

캄캄한 의자에 앉아 꽃잎을 센다.
꽃잎 셋, 꽃잎 아홉, 꽃잎 열다섯, 꽃잎 서른둘
내일을 기다리면 열매가 될 수 있을까.
오늘 버스가 영영 사라지면
내일 버스엔
무엇을 실을 수 있을까.

늙어버린 그믐달. 찌그러진 그믐달. 내일이 없는 그믐달.
그러나 울지 않는 그믐달.
아주 조금, 먼 내일
혼자 늙어버린 저 쓸쓸한 그믐달이 끝끝내 희망을 포기하지 않는

것처럼
　버스에도 생애가 있었으면 좋겠어.

　다음 버스는 내일.
　내일은 희망이 태양을 만나러 가는 날.
　오늘 마감인 이력서가
　내일도 버스를 기다리는 날.
　내일 버스는 희망.

　국적도 없이 떠도는 캄캄한 고양이들. 내일을 믿지 않는 캄캄한 고양이들.
　그런데 너희들의 나라는 어디니?
　이 승차권을 너에게 주마.

사글세

● 박헌호

세상의 집들이 모두 날개를 단다면 내
늙은 세월의 반 지하 단칸방도 회색 날개를 달 거야, 나
세월의 지하 단칸방 타고 세월의 옥상까지 가리, 나
회색 날개를 툴툴 털며 안개 속에서 춤추며 가리, 나
옥상의 빨랫줄 붙잡고 우주까지 가리, 나
우주 너머 혼돈 붙들고 이불 한 장 펼치리, 나
이불 곁에 앉아 세월을 찍어 누르리
자, 기리하시고 나
홍단 쭉정이로 불타는 방 던지리

28_
배지영

손을 맞잡은
아이들의
품안으로
밤이
차오른다

역사
—안국사(安國祠) 오르는 길

● 배지영

지난밤 가을비가 지나간 사이
이삿짐센터 앞 키스하는 아이 석상 머리가 날아갔다

　　　키스하다가 목이 날아간 기분을 아세요?

석상이 빈속으로 흙냄새를 풍겨오고
나는 소간을 퍼 올린 것 같은
아이의 벽돌색 입술을 기억해낸다

성물 가게에선 벽돌색을 쓰지 않아
연한 분홍색을 쓰지 갓 태어난 것처럼
부벼진 곳 없는 입술, 태어나 혼자 살아가는 색

바닥에 흩어진 묵주와 성화 액자들을 헤치며
매일 석상 앞을 지나는 노인의 등에선
하루가 다르게 빈손이 자랐다

어깨춤을 추며 내려오는

장군신 앞 향냄새

아이들은 천사나 마리아가 아니라
낡은 여닫이 장롱과는 다른 이것을 돋아나는 날개라 짐작했다

어떤 기억이나 오래된 믿음은
살아 잊히는 동안
죽은 것이라도 품어야 잠이 온다고

옅은 불내에
호흡은 점점 무거워지고

오래된 소나무 사이에 거미줄이
너덜너덜한 유적이 되어 흔들린다

손을 맞잡은
아이들의 목 안으로
밤이 차오른다

어둠속에서
가장
빛나는 어둠을
길어올리는
노래

끌 수 없는 이야기

● 노미영

귓속의 어둠은 하얀 공포를 먹고 산다
불빛이 보호색이어서
귀가 없는 사람은
빛들이 너울거리는 방에서 잠이 든다

바람이 우는 소리는
어떤 생물의 민낯을 닮았으랴

보이지도 들리지도 않는
세계를 만져보고 있으면
붉은 펜으로
들숨의 주파수를 그려내고 싶은 것이다

바스락거릴 수도 없는 침묵은
오염된 비둘기의 꽁지를 달고
귓바퀴를 종종거린다

차라리 축복이라 노래해 다오

손짓이 전부인 나라에도
입가에 맴도는 노래가 있다

어둠 속에서
가장 빛나는 어둠을
길어 올리는 노래,

모두가
불안했기에
모두가
평온했다

출구 없음의 마술

● 황성희

대부분 같은 말을 쓰는 사람들이었다
나도 다리가 두 개 그들도 다리가 두 개
다리는 이상했지만 두 개는 이상하지 않았다
두 개는 이상했지만 다리는 이상하지 않았다
우리는 누구도 자진한 적 없지만
심장이 뛰는 사지 속으로 순순히 뛰어들었고
눈을 뜬 채로 시들어 가는 마술은 성공적이었다
불안은 모두를 전염시켰지만
모두가 불안했기에 모두가 평온했다
차를 잠시 잘못 주차했고 서둘러 다시 뺐다
나와 한 종류가 된 아이의 손을 잡고 달렸다
대낮이었고 시장이 붐볐고 공기는 뜨거웠다
가격을 묻고 두리번거리고 잠시 멈췄다가 다시 걸었다
집으로 올라가는 계단에서 아이의 손등에 입을 맞춘다
계단은 구불텅해지는 일 없이 직각을 고수한다
입술은 쪽— 한 세계의 표면에 붙었다 떨어진다
시장 골목의 과일들이 불쑥 떠오른다
복숭아를 사기에는 아직 이른 감이 있다

이런 생각 덕분에 현관문이 딱딱할 수 있다
손잡이를 쥐고 돌리는 행운을 누릴 수 있다

40_
이장욱

한 벌의 옷을
사고도
인생을 산 것
같았다

의상

● 이장욱

한 벌의 옷을 사고도 인생을 산 것 같았다.
내가 지금 토끼 가죽을 입은 것인지
다른 사람을 구입한 것인지
아니면 새로 짠 관에 누운 것인지

그것을 입고 외출을 했다.
버스를 타고 꾸벅꾸벅 졸다가
간을 꺼내 바위에 널어 말리고 다시
숲으로

옷은 흔한 비유지만 그것이 겉과 속은 아니다. 현실과 꿈은 아니다. 현상과 본질도 아니다. 제발
진심과 가면이

온몸이 다 삭아지고 녹아지고 지워질 때까지
그것이 되어가는 것이다.
택시를 타고 지하철을 타고
바다에 뛰어드는 것이다.

용왕을 만나는 것이다.

아, 넌 유행을 몰라.
우스꽝스러운 몸짓으로 현실과 현상과 가면을 지나갔다. 혜화역이라든가
산호초 곁을

심해의 승강장에 서 있는데
너무 오래 살아온 자라 한 마리가 물끄러미
나를 바라보고 있었다.

나에게는 임무가 있다고 했다.
의상에 손을 대고
깊고 깊은 두근거림을 느꼈다.

44_
종정순

밝히는 것들이
눈에 보인다

질경이의 감정
● 종정순

혼자만 사는 세상이 아닌데
길을 가다 발걸음에 밟히는 것들이 눈에 보인다

무참히가 아니고
무심코라는 말이 더 아프다

   발길로 공을 차듯 사람까지 차버리며 앞질러 층계를 올라가는 발
들이 있다

차라리 봉하고 사는 입들은 아픈 소리를 어떻게 내는지
비명도 없이 여전히 죽지 않은 질경이의 눌린 낯빛이 시퍼렇다
살다 보면 나도 멍이 들곤 한다

짓밟힐 일 없는 하늘로 치솟을 거야!
아침마다 드라이 바람으로 머리카락을 치켜세울지라도
안다, 때때로 하늘이 눈물을 흘리는 것은 아프다는 거

바닥은 추락할 일이 없다는 말에 동의한다

밟힐 때마다 괜찮다, 괜찮다는 당신의 말에 더 이상 화가 나지 않는다

밟혀서 다져진 어제의 감정,
좀 전의 감정들
바닥과 바닥들이 공유하며 꽃을 피운다

사람들과
이별하는것보다
더 큰 휴식은 없다
시 같은 것 남기지 않고
작별하고 싶었다

퇴장

● 최문자

사람들과 이별하는 것보다 더 큰 휴식은 없다
씨 같은 것 남기지 않고
작별하고 싶었다

이별 하나를 가라앉히기 위하여 그해 나는 가장 위험했다
중환자실에서 죽음을 참으려고 몇 번이나 버튼을 눌렀다

이런!

죽음에게도
사랑에게도
버튼이 있었네
이곳에서 저곳
어딜 가도 꼭 눌러달라는 배고픈 버튼이 있었네
버스 안에도
풀잎 위에도

안을 누를 수 없어

자꾸 밖을 눌렀다

휴대폰을 분실할 때마다
날아가는 문자와 사람들
이별을 이별이 아니라고 애쓰는 동안
쏟아지는 물 안에 조금 남아 있는 마음
남아 있는 풀

흰 염소가 풀밭에서 그 풀을 뜯는다

수없이 버튼을 눌렀지만
여태 오지 않고 있다
흰 양말로 갈아 신고 오겠다던 사람
버튼들은 누워서 지냈다

이우걸

카페 피렌체에서

● 이우걸

당신이 베니스에 가 있는 동안에도
카페 피렌체에서 나는 차를 마신다
밤 열 시 문이 닫히고 귀가하는 그 시각까지

벽에는 두오모 대성당이 걸려 있고
사람들은 기도처럼 하루를 속삭이지만
그곳에 홀로 앉아서 나는 차를 마신다

바닷물은 없지만 곤돌라는 없지만
인생이란 노를 젓는 뱃사공의 하루 같은 것
당신이 베니스에 있는 동안
나는 나를 마신다

때로 놓친
그 한 끝 때문에

놓치다

● 송영희

김장배추 모종을, 일주일이나 넘기고 심었다
핑계가 왜 없으랴
아픈 이의 병간호 때문이라고
그때 위중한 시기였다고
뒤늦은 까닭을 땅에게 하늘에게 고하며
백여 포기를 꼼꼼히 비닐 구멍마다 물 듬뿍 주며 심었다

배추가 실하게 자라긴 잘 자랐다
겉으로 보기에는 그랬다
무농약으로 적당히 벌레도 먹고
배추흰나비도 날아오고
이파리 색깔도 보기 좋게 푸르렀다

허나 옹이가 생기지를 않는 것
시간이 지나도 그 결구가 만들어지지 않는 것
속이 안 차는 빈방이었다
두둥실 떠오르는 달이 만월이 되어야
우주의 기운이 성하듯

아 그 절정의 에로틱한 꽃잎들이
기다려도, 기다려도 생기지 않는 거였다

후회스럽고 애가 타도
때를 놓친
그 한 끝 때문에, 천기 때문에
우주를 감싸고 있는
분홍빛 그 신방의 불이 켜지지 않는 것

가까운 이들이 물었다
그이는 어떠니 아직도 병중이니?

강력한 힘은
가장
낮은 자세에서
나온다—

예각의 힘

● 유성애

스케이터가 마지막 골인점을 향해 참았던 호흡을 트랙에 밀착시키듯

강력한 힘은 가장 낮은 자세에서 나온다
선거철 후보 정치인들의 허리를 보라
두 손은 웃고 있지만
시선은 상대의 발등을 훑고 있다

승리의 깃발을 흔드는 순간까지 꿈을 가진 자의 몸은 예각이다
과녁을 향해 돌진하는 화살처럼

승리의 깃발을 흔드는 순간까지 핵심을 드러내지 않는 자의 포즈!
결코 적과 정면돌파하지 않는다
고지가 바로 저기일지라도
섣불리 허리를 일으켜 세웠다간 다 잡은 깃발을 놓치기 십상이다
아직은 등 뒤의 무수한 손이 훨씬 위험하므로

좀 더 가야 한다

표정을 들키지 않고 더 빨리 골인점에 닿기 위해
등반가가 바위와 한 몸이 되어 히말라야 암벽을 오르듯

그런데 왜 나는 줄곧
앞사람의 뒤통수만 보고 걸어왔을까

맹목에 관하여

● 조창환

둥지에서 딱새 어미 체온을 얻은 새끼 뻐꾸기는
눈 뜨자마자 제 곁의 딱새 알을 밀어낸다

어린 악마는 본성이 악행이고
눈먼 사랑은 본성이 희생이다

애벌레와 지렁이를 물어다 주며
어린 악마를 지성으로 돌보는

어미 딱새의 맹목의 휴머니즘이
적군을 무장시켜 제 새끼를 죽이는 줄을

아는지 모르는지
어미 딱새는 제 몫의 온정에만 기막히게 충실하다

이것은 생물학 이야기가 아니다
천적을 형제라 우기는 어느 눈먼 나라 이야기다

내가
버린것들로부터
내가
버려진것은
아닐까

나를 버릴 수 없어서

● 박남희

내 몸에서 옷을 버린다
구두를 버린다
머리카락을 버린다

한 차례 비가 내리고 나를 버릴 수 없어서

여름을 버리고
뒤집힌 우산을 버리고
무너진 담벼락을 버린다

내가 버린 것들이 혹시 나일까 생각하다가

복잡한 생각을 버리고
저 혼자 외연을 넓히던 상상력을 버리고

혹시 내가 버린 것들로부터 내가 버려진 것은 아닐까
생각하면서

벽에 걸린 뾰족한 초침의 눈빛을 버리고
그 초침에 찔리고 싶어 하는 시간을 버리고
그 시간 속에 갇혀 있던 조바심을 버리고

그러고도 나를 끝끝내 버릴 수 없어서
어디론가 뻗어가고 싶어 하는 강 하나 남겨둔다

그 강의 출렁이는 물살을 버리면
나를 아주 다 버리는 것 같아서,

제2부

아직도 그리움을 하십니까

이훤

　　지표가 하나밖에 없는 삶을 산 적이 있다. 한 가지 목적이나 방향이 전부가 되어 버렸던 삶을. 나의 바깥으로 밀리고 밀려나다가 목적도 방향도 마음도 전부 사라지는 날들이 있었다. 어떤 부재는 우리에게 새 지표를 허락한다. 없는 자리에서 비로소 우리는 지나온 부근을 살피게 된다. 회귀하는 일은 본능에 가깝다. 살고자 하는 의지겠다. 잘 살고자 하는 의지겠다. 스스로 재확인되어야 하거나 살아왔다는 안도를 필요로 할 때 우리는 돌아간다. 그런 날 도착하는 목적지는 외곽을 맴도는 오늘이 되어준다. 외곽은 보통 떨어져 있지만 안이라는 가정을 내포한다. 최소한의 안전거리를 확보해두는 것이다. 되돌아가는 일로 인해 누군가는 조금 더 불행해지고 누군가는 화창해지며 또 실망을 떠안기도 하겠지만 그것은 어쨌거나 우리의 반경으로 남는다.

　　향수는 힘이 세서 일부를 지워버리거나 모두 덮어쓰기도

한다. 그 일의 주체가 정확히 시간인지 아니면 우리 자신인지 알기 어려울 때도 있으나 이로써 우리는 삶을 다시 감각할 수 있다. 지나간 날들을 원하는 둘레로 잘라 수납할 수 있다. 스스로의 기울기를 극복하는 데 이만한 도구가 있을까.

매번 정확한 건 아니다. 은연하던 쪽으로 다시 기우는 경우가 대부분이지만, 누구에게나 그런 지표는 필요하지 않나. 바랐던 쪽으로 조금씩 정정되며 되돌아갈 곳을 확보하는 것. 둔감해질 때마다 약할 때마다 자칫 사라질 것 같을 때마다 지나온 나를 확인하며 일어서는 거다.

외곽을 다시 살며, 안으로도 살 수 있게 되는 것이다.

그러던 어느 날

● 문정희

항상 여기서부터 시작된다
불에 타지 않는 가시나무가 있다는 것을
나는 보았다
나는 그것을 나의 십자가로 만들어
등에다 지는 대신
슬프고 아름다운 가시나무가 되기로 했다
나는 푸른 소리로 흔들렸다
어떻게 물을지 몰라
가장 맑게
가장 짧은 노래로
어버버 어버버
나는 시를 쓰기 시작했다
그러던 어느 날!

담쟁이
—아버지

● 배영옥

  당신의 빛나는 손바닥을 가진 적이 있지. 당신 손바닥 위에서 나는 검불처럼 잠들기도 했지. 당신을 열면 당신이 사라질까봐 나는 매일 뒷골목을 맴돌았지. 당신 손바닥에 있을 때만 나는 어린아이였지. 여전히 어린아이이고 싶었지. 당신 손바닥에 달린 천 개의 창으로 나는 세상을 보았지. 당신 손바닥이 보여주는 뒷골목의 사람들은 아름다웠지. 당신을 열면 당신이 사라질까봐 나는 매일 붉은 벽에 서서 바람을 마셨지. 지독한 행복이었지. 당신 손바닥에 아로새겨진 그 빛나는 상처를 품고 나는 어른이 됐지. 어린아이이고 싶은 어른이었지. 혼자서도 손바닥을 뒤집을 수 있는 어른이었지만, 나는 결코 손바닥을 뒤집을 수 없었지. 행여 당신 손바닥이 쏟아질까봐, 당신을 열면 당신이 사라질까봐 나는 주먹을 움켜쥐고 살았지. 그리운 기적 같은 버릇이었지.

전동균

우연히
생겨나서
우연히 만난
수많은 별들,
수많은 사람들,

그래서 저는

● 전동균

저는 키가 작고
불면증이 좀 있고
담배는 하루 반 갑
아무 일 없이 빈둥대는 것을 좋아합니다
흰 종이 구겨지는 소리와
갑자기 유리창을 때리는 빗방울
속에서 펼쳐지는 날개,
어떤 꽃을 피워야 할지 망설이는
나뭇가지의 떨림을 보는 것도 좋아하지요
우연히 생겨나서
우연히 만난
수많은 별들, 수많은 사람들,
누구나 혼자지만
아무도 고독하게 사라지지 않는다는 것과
아침마다 눈이 떠지고
어제보다 찬 공기를 숨 쉬는 일
어린 딸이 커서 처녀가 되는 일이
기적의 일부란 것을 조금은 알고 있답니다

그래서 밥을 먹을 때마다
하늘을 볼 때마다
부끄럽고 미안하고 황홀해서
부서지는 햇빛이나 먼지 속으로 달아나고 싶어요
한낮에도 발가벗고 춤을 추고 싶어요

하루가
기억처럼
갔었다

성신여대역

● 조상호

그날, 통유리로 눈보라가 솟아올랐다
이월 홍매화 화사한
하나의 배경, 만난 그 자리
사기 주전자에 담긴 사케 한 잔
······그 새끼가요
얼어가는 물낯, 살갗을 기어오르는 환멸의 순간을
너는 주장하고 나는 무시했다
단지 팽이버섯을 만 베이컨 꼬치와
좋아하는 은행 한 알

그날 이후, 심장이 세차게 뛰기 시작했다
돌이 되는 느낌이 있었다
하루가 기억처럼 길었다
천변을 따라 몇 달을 울고 다녔다
되울려오는 목소리가 한없이 이어졌다

가을 길목에서

●박시교

몇 개의 추상명사에 갇혀서 사는 하루였다

아직은 기다리면서 여운을 남겨두지만

그 끝에 감겨오는 아픔 견디기가 벅차다

가을볕에 오래 참았던 눈물을 펼쳐 말린다

낙엽처럼 바스락댈 가벼움을 기대하면서

누구를 그리워하는 마음 그 열매도 거둔다

산다는 것은 가보지 못한 미로를 헤매는

그 여정의 휘어진 길목 같은 이 가을날

보리라, 맑게 익어가는 추상명사의 적요(寂蓼)를

84_
김지현

마지막 목숨
쏟아내는 것

귀가 아프다

● 김지헌

당신이 먼 길 떠났다 돌아올 때까지도
저 울림통은 소리로 철벽을 칠 것이다
땅속에서 7년을 벼르다
짧은 황홀을 맛보았으니
어찌 난산을 두려워하랴

마을을 통째로 떠메고 갈 것처럼
매미가 제 목숨 쏟아내는 동안
나무는 그 소리에 감전된 채 목을 내어주고

귀가 아프다는 것은
매미가,
혹은 어떤 인생이 전생을 떠메고 가느라
마지막 목숨 쏟아내는 것
소리의 상여길 같은 것

김승강

지금은 돌아와 들 있을까

그가 궁금하다

● 김승강

아침에 집을 나갔던 그는
지금은 돌아와 있을까
돌아오기 위해 나갈 수밖에 없는 그지만
돌아오고 싶지 않을 때가 있을까
돌아오는 길에 잠시 옆길로 샜다가
제자리로 돌아왔을 때
그의 걸음걸이가 몹시 흐트러져 있다 해도
돌아오기 위해
죽을힘을 다했다는 사실을 증명할 수 있을까
아침은 결국은 돌아오기 위해 나가는
그를 위해 돌아오고
저물기 전까지
입 앙다물고 저녁을 말하지 않고 버티어야 할
그에게 저녁은 어떻게 오는가
저녁을 위해 돌아오는 아침을 맞을 수만 있다면
천 개의 태양도 두렵지 않다며
아침에 돌아오기 위해 집을 나갔던
그는 지금은 돌아와 있을까

권현형

석양과 함께
짧게 빛나보였다

어제보다 비밀이 많아졌다

● 권현형

오늘 구름은 뼈가 있다
구름의 늑골 사이에서 달이 달그락거리고 나도
주머니 속 당신의 운율감 넘치는 손가락뼈를 만져본다

지나가다 만난 돌이 모자를 벗고 이마를 수그리고
저를 낳은 저녁에게 예의를 다하고 있는 순간
여느 때와 다름없이 긴 시간을 봉헌하고 있는 순간

날개의 질료가 백퍼센트 구름인지도 모를
붕새 한 마리가 머리 위를 날아갔다
하루에 구만 리를 날아서 그가 닿고 싶은 세계가 어딘지
그 자신도 모르는 것 같아 불러 세워 질문하지 않았다

아침과 저녁의 기분이 다른 숲은 좀 더 은밀해보였고
이윽고 많은 말들이 서로 혀를 조심하며 바스락거렸다

숲속에서 자명종 소리가 났다 단순한 음악 같기도 했다
몸 안에 금관을 갖고 있는 풀벌레의 생애가

>

석양과 함께 짧게 빛나 보였다
끝없이 깊어진 노년기 보르헤스의 눈을 닮았을
저녁의 동공 때문인지 현기증이 났다 구름 대신

먼지가 낀 아득한 처소의 창턱으로 되돌아와서도
산책길에 본 저녁의 얼굴이 잊히지 않는다
구만 리를 걸어가서 어디에 닿고 싶은 거니,
나 자신에게도 질문하지 않았다

어제보다 비밀이 많아졌다

이동훈

한번쯤 옆길로 새고싶다

길 끝 보리술집
● 이동훈

아주 이르거나 웬만큼 늦은 퇴근이면
한 번쯤 옆길로 새고 싶다.
지끈대는 길거리, 호객하는 밤거리 지나
이정표 없는 길로 무작정 걸어가고 싶은 거다.
길거나 짧은 골목을 빠져나와
묵정밭과 도랑물 사이를 걷다가 막다른 길
탁자 하나에 빈 의자만 얌전한
구석지고 막막한 술집에 닿고 싶은 거다.
고춧가루 듬뿍 친 번데기 안주에다
보리술 한 양동이 받아두고
빈 의자에 어울릴 이름을 불러내고 싶다.
번데기가 불쌍하다며 훌쩍일 박용래
자기 술은 소주로 바꿔 달라는 김종삼
뒷자리 술값과 여비를 요구하는 천상병
나무젓가락으로 번데기 국물 찍어 낙서하다가
기침을 터뜨리고 마는 이상
그 기침까지 따라하는 박인환
김일성 만세할 자유를 중얼거리는 김수영

막다른 집에 몰려 저마다 시끌시끌하다가
들을 거 조금 듣고
흘릴 거 아주 흘러서 가벼워지고 싶은 거다.
길 끝 집이 좋았다고 이상이 인사라도 할 것 같으면
길에도 끝이 있냐며
번데기 앞에 주름잡듯 보리술 냄새피우고픈 거다.
출근길이 퇴근길인 일상에서 벗어나
아주 가끔은
옆길로 빠져 길을 잃었으면 할 때가 있다.
길 끝 보리술집에 앉아
만화책 찢어진 뒷장처럼 궁금해지는 이야길 좇아
오래 홀짝이고 싶은 거다.

볼부비는자리마다
네가태어났지

달

● 신효순

나 태어날 때
어머니에게 물으면
어머니는 말간 낯을 들고
이렇게 말했으면 좋겠다
너 태어날 때

졸린 달이 눈을 껌뻑이며 희미하게 웃고
초연히 가던 구름, 밤하늘 길을 만들었네
바람은 잎들을 쓰다듬으며
아가야 아가야
이름을 불러주었지
그게 너무 좋아 눈물이 났단다

사내가 마당에 들어서면
마당은 스스로 환해져
따뜻해지고
달이 연인처럼 볼을 부볐어
네가 태어났지

볼 부비는 자리마다 네가 태어났지

난간에 매달린 물방울 같은
걸음걸음으로
오시는 손님
달려 나가 만진 맨얼굴은 웃는 낯이었네

밤 깊을수록 얼굴은 선명해지고
맑은 눈 뜬 어린 새끼들을
업고 오는 달이

너 태어날 때

이동화

눈가에
이슬을
피워본 사랑은
알지

슬픈 사이

● 이동화

눈감으면 시골 황톳길 청보리밭이고
눈뜨니 신도시 빌딩 사이 퇴근길에 있다

세상에서 가장 빠른 속도가
눈 깜짝할 사이?
라는 건
눈을 떴다 감았다, 한 시절을 그리워해본 이는 알지

빛과 어둠이 현재와 과거라는 걸
눈을 뜨고 감는 일이 타임머신이라는 걸

옛집 굴뚝에 피어오르는 밥 짓는 연기를 생각하며
어깨에 눌러앉은 피로와 퇴근하는 길

가까워도 닿지 못하는 사이
그리워도 만날 수 없는 슬픈 사이

어둑해지는 저녁 길가에서 갈 곳을 몰라

눈가에 이슬을 피워본 사람은 알지

그 여자는 떠나버렸다

모차르트 Piano Concerto No. 23 속에
● 박숙경

쉽게 분해되지 않는 음악 속에 휴대폰을 넣어놓고 핸드백 안의 빨간 지갑과 주머니 속의 아이슬란드블루 빛깔을 매단 자동차 키를 넣어놓고

갈라파고스의 놀빛은 무슨 색일까?

애절하고 서정적인 음악 속에 유년의 기억 창고인 일기장을 넣어 뒀을까?

기억 속의 모나코핑크빛 닮은 보석 같은 몇 날들을 남겨두었을까? 아마도, 그러리라 믿으면 오늘의 해가 뜬다 덜 익은 석류가 환하게 익는다

갈라파고스의 진화는 아직도 유효할까?

서랍 안에 잠들었던 낡은 사진과 천 년 전 추억이라 불리는 기억 몇 개를 늙어버린 손바닥만 한 앨범에 다시 꽂아두고

8분의 6박자 시칠리아노 리듬 속에 자기장 뜯겨진 오래된 통장을 버리지 못하고 낡아버린 옛이야기를 나프탈렌 냄새 가득한 빛바랜 한 권의 책과 만지면 부스러질 듯한 네잎클로버 사이에 끼워두고

그 여자는 떠나버렸다

모차르트 Piano Concerto No. 23 속의 아련한 잘스부르크로

깊은 곳을
배회하는
시곗바늘이
기억을 지우고
흔적을
덧붙였다

흔적의 기억

● 황성규

다시 걸음을 옮겼다

두툼한 구름의 짙은 눈동자 아래
이름 모를 검은 새들이 지났다

기록을 남기지 않는 무거운 바람이
쇠락한 나뭇가지 주위를 맴돌았다

걸음을 옮겼다 또다시

같은 곳을 배회하는 시곗바늘이
기억을 지우고 흔적을 덧붙였다

또다시 걸음을 늦추었다

비밀인 척 비밀을 말하곤 하던
입술의 주름이 귓가에 닿았다

>

뒤를 돌아보았다 아무도 없는
골목이 하얗게 굳어 있었다

다시 걸음을 멈추었다

가로등 불빛을 감싼 어둠 아래
차가운 소름이 돋아나고 있었다

이선균

파녕처럼
휘어지며
느끼는

뒷골목

● 이선균

단축번호 누르는 것마저 잊을까 싶어
수없이 걸려오는 전화를 거듭 받는 동안

무통환자인 아버지와 긴긴 통화를 할 때
노모가 잠시라도 고통의 굴레로부터 벗어나기를 비는 동안

느닷없이 딸에게, 아주머닌 뉘슈?
하는 캄캄한 날 들이닥칠까 싶어

저녁 천변을 걷고 또 걸으며
당신의 노래에 추임새를 넣는 동안

저러다 노모가 먼저 쓰러지면 어쩌나,
모래알 털어낸답시고 운동화를 거꾸로 들고 퍽퍽 치는 동안

마음 단단해진 줄 알았는데

흐물흐물

파경(破鏡)처럼 휘어지며
흐느끼는

탄천,

정일근

선물

● 정일근

나무가 제 몸 찢어 가지에게 하늘 길 내어주고
가지가 제 살 열어 꽃에게 땅의 향기 내어주고

입춘이 먼 엄동설한 가장 추운 날에
여기, 가장 먼저 뜨거운 홍매화 피우는 이유는
빈자의 일등(一燈)으로 삼라만상을 밝히는 일

사람이 사람답게 사는 일이 저런 자세야 할 것이니

다 주고 남은 빈손으로 아침이 즐겁다면
남루한 간난(艱難)이언즉 저녁이 넉넉하다면
그대여, 이 홍매화 붉은 꽃 곁에 나란히 서라

우리 사는 이 세상 넘치도록 고맙게 복 짓는 저 선물.

제3부

너는 눈부시지만 나는 눈물겹다

이훤

　모든 걸 견디고, 참고, 감내하는 힘이 존재할 수 있을까. 노력이나 끈기 같은 것만으로 사랑이 성취될 수 있을까. 마음을 압도하는 가장 명확한 방식. 슬픔도 환희도 미움도 해내지 못하는 일을 해내는 건 사랑밖에 없다. 사람이어서 우린 실패하지만 사랑은 그 일을 해낸다. 사람이 무너질 뿐이다.

　사랑을 낱낱이 이해하기 어려운 건 거의 매번 미래형으로 도착하기 때문이다. 그리고 두 사람 어치의 일이기 때문이다. 두 마음을 지나왔다고 생각했으나 절반만 지났을 확률이 높다. 한 개인의 시선으로 가늠되고 한 사람의 기록들로 점철되었다가 일인칭으로 그치기 쉽다. 사랑하려면 고로 우리는 지속되어야 한다. 뒤늦게 오는 것들을 현재형으로 맞이하기 위해, 미리 기억하는 연습을 하며 나머지 절반을 헤아려야 한다. 그 일은 점진적으로만 이뤄진다.

제3부 너는 눈부시지만 나는 눈물겹다

    한 사람의 반경조차 온전히 헤아리지 못하는 우리가 완전한 사랑을 하기는 어렵다. 사랑에 속할 뿐이다. 속하는 가운데 사랑을 겪고 실패를 겪으며 힘써 그것을 살아보는 가운데 조금씩 체화할 뿐이다. 그 안에 나를 버리고 천천히 들이는 것이다. 침잠하는 것이다. 실패하면서도 계속 골몰해보는 것이다. 그 가운데 획득하게 되는 여러 형태의 빛을 모으고 변모하는 손잡이를 모아 우리는 간신히 사랑을 체험할 수 있다.

    이 지진하고 수고스런 일을 그럼에도 하기로 하는 이유는, 견디며 움켜쥐는 이유는 그 일이 사랑이어서다. 사랑이기 때문이다. 누군가 먼저 이유 없이도 사랑이 되었고, 되어야 하고, 되기로 했기 때문이다. 될 수밖에 없기 때문이다. 안 하겠다고 몸서리를 치다가도 어느새 올려다보고 몰두하게 되는 것이다.

너무 깨끗해서
두려운
당신의 그 두근거리는
심장을
돌려주고 싶었네

백지

● 고영

당신을 초기화시키고 싶었네.

우리가 세계와 만나지 않았던 순수의 시절, 나를 만나 가벼워지기 이전의 침묵으로 돌려보내고 싶었네.

당신은 보이지 않는 강박
보이지 않는 공포
영혼으로나 만날 수 있는 미래, 라고 했네.

아아, 당신이 옳았네.
아아, 당신이 옳았네.

문장 몇 개로 이을 수 있는 세계는 없었네. 오지 않는 답신은 불길한 예감만 낳을 뿐
내 흉측한 손은
보이지 않는 행간을 떠돌고 있었네.

고양이는 고양이의 방식대로 구르고

자갈은 자갈의 방식대로 구르고
펜은 펜의 방식대로 구르고

그러나 모두 근엄한 얼굴이었네.

가득 들어차서 오히려 불편한 자세로부터
당신의 미소를 꺼내주고 싶었네.
너무 깨끗해서 두려운
당신의 그 두근거리는 심장을 돌려주고 싶었네.

지금 내 머릿속엔 오직 당신이라는 프로그램만 실행중이네.
다른 창은 띄우고 싶지 않네.

정선을 떠나며

● 우대식

파울첼란의 시에 이런 구절이 있었던가
아름다운 시절은 흩어져 여자 등에 반짝인다고
시선을 거둔다
운명이란 최종의 것
정선 강가에 밤이 오면
밤하늘에 뜨는 별
나에게 당신은 그러하다
성탄절의 새벽길
눈이 쌓이기 시작하면 기찻길 옆 제재소에서는
낮은 촉수의 등이 켜지고
이미 오래전에 예언한 미래가 사라지는 것들을 받아내고 있다
선명한 모든 것들을 배반하며
산기슭으로 흐르는 눈발 속에서
당신의 얼굴을 그리는 일은 또 언제나 부질없다
가끔 당신을 생각한다
생각하며 밥을 먹는다
조금씩 아주 조금씩 밥을 남긴다
이것이 나의 마지막 사랑이다

신혜정

나는 당신에게서
여름을 배웠는데
겨울이었다
가을이나 봄은 이미
몰락한 왕조처럼
저물었다

우리는 우리의 몰락 앞에 유적이라 이름 붙이고

● 신혜정

나는 당신에게서 여름을 배웠는데
겨울이었다
가을이나 봄은 이미
몰락한 왕조처럼 지루했다

쌍꼬리부전나비 애벌레와
마쓰무라꼬리치레 개미*
서로를 키우며 비껴가는 세월

한밤의 적막 속, 물밑으로
지느러미 달린 것들

갈대숲 사이
눈을 감으면

안으로 젖은
오래된 슬픔이 알을 까고 나와

>

내장부터 보이며 시작하는 사랑
젖은 환부가 움직이는 소리

출렁,

출렁,

---

*공생관계인 이들은 개미가 애벌레를 사육하고, 개미는 애벌레가 배출하는 환각 물질을 먹으며 번데기가 되기까지 함께한다. 쌍꼬리부전나비는 현재 멸종위기에 있다.

바람이
나가라고
열어둔 창문으로
바람이
들어왔어

바깥의 바깥

● 김정진

바람이 나가라고 열어둔 창문으로 바람이 들어왔어
좋은 징조라고 했어 뜻밖의 기회를 얻거나
행운이 찾아오는 꿈이라고; 행운을
믿는 것은 아니었지만
좋은 말을 들으면 기분이 좋아지니까
하루 종일 창문을 열어두었어

저녁이 점점 밝아오는 것이었어
거울 속의 나와 거울 밖의 내가 함께 오른손을 쓰는 것이었어
문틈에 찍힌 손톱에 고통도 없이 피꽃이 번지는 것이었어
내가 바라볼 때 창밖은 형성되고

막 완성된 풍경 속에서
막 만들어진 비둘기가 날아들어 왔어

그것을 내쫓으려고 방문을 열었지만
비둘기는 침대 끝에 앉아 나를 응시할 뿐이었고
만약 내쫓는 데 성공했다면 그를 만나지 못했을 것이라고 했어

그러니까 당신을 만나기 위해
그만큼의 악몽이 필요했던 것이구나

서로의 바깥에서 우리는 알아들을 수 없는 말을
말이 아닌 말투로 이야기했어
얼음물에 손을 집어넣은 것처럼
살이 아닌 뼈가 살아나는 감각으로

바람이 들어오라고
내 방과 몸의 모든 문을 죄다 열어놓고 싶었는데
그땐 왜 그 생각을 못했는지
내가 열지 않았는데 열린 문을 보며
다시 저것을 닫아야겠다는 생각만 했어

문을 밀다가 뒤늦게 당기라는 말을 발견하고
여기엔 어떤 의미가 있을까 궁금해지는 것이었어
식탁 아래를 기어가던 흰 족제비에겐
아무리 물을 끼얹어도 꺼지지 않던 불에겐

동지(冬至)

● 김소현

　그리고 울었다 우리가 우리라서 다행인 적이 있었다 그쯤에서 멈췄다 왜 우린 이 정도밖에 안 되는 인간인지에 대해 생각한다 어쩔 수 없는 일들이 너무 많아서 자꾸 코를 훌쩍이게 됐다 꿈에서 넌 분명 죽었는데 나는 가끔 자는 방법을 까먹었다 그럴 때면 숨 쉬는 법까지 모르게 되는 것 같았다 지겹지만 지루하진 않은 불행이 몇 번이고 찾아왔다 거짓말은 하면 할수록 늘었다 어제는 조금 오래 걸었다 바람이 차서 살이 다 아팠다 너는 추워서가 아니라 귀신이 너를 끌고 갈까봐 발까지 이불을 덮고 잔다고 그랬었다 나는 어두운 건 좋은데 깜깜한 것은 싫다고 너에게 말해주었었다 우리는 자주 손을 잡았고 그것을 위로라고 착각한 적도 있었다 그랬었다 나와 너는 서로의 미래에 등장한 적은 없다 끝 이후의 것을 학교에서 가르쳐주지 않았기 때문이다 그래도 나쁘진 않았다 그렇다고 생각했다 산속은 너무 조용해서 눈 내리는 소리도 들린대, 너가 말했었고 나는 들어본 적 없지만 그렇구나 했다 너가 해준 이야기라서 그냥 믿는 것이다 앞으로도 계속 눈 내리는 소리를 모르기로 한다 궁금해 하면서 살기로 한다 미워할 사람이 너무 많아서 나는 너를 미워하지 않는다

윤진화

이 서사적인 시간이
다시 온다면
나동과 더불어 함부로 뒹군
저 태양의 힘이
나를 태울지라도
나를 찢어버릴지라도
나를 늙게 할지라도
나는 평온한 서정을
다시 수놓으리라
나는 우리의 만남을
다시 시작하리라

다시, 시다

● 윤진화

나와 네가 바라보던 거리를 다시 꿰맨다
올이 나간 햇빛이 튕겨 구른다
너는 손바닥을 벌렸다, 가지 마
간절했으나
달아난 밤은 좀처럼 잡히지 않았다

맑고 투명한 장갑이 너의 어깨를 두드렸다
혁명의 바람과 내 차가운 입김
갈매나무 향기와 너의 총체적 봄날이 이어지며
거리의 우리들은 은하수를 수놓고
막힌 길목과 매듭 없는 보도블록으로 걸음을 옮겼다
소주로 이름 없는 군인의 노래를 풀어놓은 채
지나간 한탄으로 얼어붙은 고드름은
너의 심장을 찌르고
환한 거리에서 부서졌다 다시 이어졌다

이 서사적인 시간이 다시 온다면
난동과 더불어 함부로 뒹군 저 태양의 힘이

나를 태울지라도, 나를 찍어 버릴지라도, 나를 늙게 할지라도,
나는 평온한 서정을 다시 수놓으리라
나는 우리의 만남을 다시 시작하리라

증오하면 사랑하는 증거를 가져오겠다
죽으면 실탄이 장전된 권총을 관자놀이에 대겠다
꼬리가 긴 별 하나가 내려와 곁을 내준 날,
나는 웃으며 이 도시의 칼눈을 활짝 열고
피로 물든 펜을 꺼내 지난 계절의 너를 가두겠다
너는 그렇게 내게서 살아있으라 기록하겠다

조영란

그래야
뜨겁게
식을수
있으므로

냄비에 대한 반론
● 조영란

사랑이 아니어서 외롭고
사랑이어서 외로우므로 우리는 식을 수밖에 없다

끓어오르다 서둘러 저무는 본성 탓이 아니다
요람이자 무덤인 한 세계에서
한통속이 된다는 건 은밀하고 충분히 즐거운 일
너는 끓고 나도 들썩였지만 우리는 넘치지 못했다
우리가 태워버린 것은 서로의 슬픔,
눌어붙은 체념은 명치에 검은 지문을 남겼다

납득하기 어려운 이별은 어디에나 있다
가능과 불가능 사이
곁이었으나 곁이 될 수 없었던 결벽의 벽 앞에서
우리가 한 일은
가슴속 사나운 짐승 한 마리 달래어 집으로 돌려보낸 것*

뜨거움이 빠져나간 서늘한 절제와
기약할 약속이 없어 더 단단해지는 결속,

그게 우리의 사랑이다

슬픔으로 그을린 가슴 언저리에 불씨 한 점 살아난다
식는 건 쉽지만
다시 달아오르는 걸 막을 수는 없다
식은 만큼 뜨거워지고
멀어진 만큼 가까워지는 그것 또한 우리의 사랑이다

그러니 통속적인 하루처럼 자신을 사랑할 것
그래야 뜨겁게 식을 수 있으므로

---

*조정인의 「날개에 바치다」에서 변용.

146_
김형미

그리움이엿을까요

잔 받침

● 김형미

　그때 우리는 젊음이었을까요 동체에 바다 위 떠 있는 배와 먼 산 달을 그려 넣을 수 있던 때 능화창 안쪽 ⊃ 형태로 몸 구부린 물고기를 새겨 넣을 수 있던, 그때 우리는 춤이었을까요 동체 없이 받침만 남아 잔좌와 굽이 뚫려 있는 상태로 남아, 그때 우리는 비틀거리지 않았을까요 굽이진 물살 거세게 휘돌면서도 온전치 않고 많이 파손되었다는 게 안타까웠던, 그때 우리는 무엇이었을까요 측면 매끄러운 곡사선형 찻잔이었을까요 그리움이었을까요 활짝 핀 모란꽃과 당초 줄기 어우러진 시문(詩文)이었을까요 놓이는 그릇보다 화려하지 않은 그저 잔 받침이었을까요 그릇이 놓였을 때 그릇을 안정감 있게 돋보이도록 해주는, 그런 사랑이었을까요 사랑 한번 못해 본 아픔이었을까요

보일듯 말듯
미소를
짓는다

저녁에는 담장이 자란다

● 배진우

나와 너는 새에 대해 이야기한다

날지 않는 새, 걷는 새, 낮게 나는 새, 멀리 가는 새, 아직 부러워하는 새, 잠들지 않는 새, 말하는 새, 먼저 일어난 새, 발이 없는 새, 나 대신 달에 가는 새, 보지 못한 새, 고장 난 새, 시계 새, 새, 새,

나와 너는 새에 대해 이야기한다

새에 대해 할 수 있는 것을 더한다

새에게 새인 것들을 갖다 붙인다

나와 너가 새를 고민하는 동안 마카롱 위에 먼지가 쌓여 있다

마카롱 위에 먼지가 쌓이고 있는 것을 몰랐다

마카롱 위 먼지가 쌓이고 마카롱 위 먼지처럼 미안하다

＞

　나와 너는 더 많이 색을 이야기한다

　초록과 검정, 연두, 파랑, 모래, 짙은 녹색, 빨강, 재, 분홍, 이면지, 주황,

　마카롱이 하면 안 될 것만 같은 색을 고민한다

　그런 색은 없을 것이라고 말을 줄인다

　책상 위에는 마카롱 하나가 있다

　나는 그것을 구멍이라 생각하고 너는 그것을 가짜라 생각한다

　지문이 묻어 날 때까지 마카롱을 만진다

　나와 너는 어느 정도 새에 대해 이야기하고 싶다

　나는 마카롱을 먹어치운다면 또한 그 색은 어디로 가는 것일까 생

각한다

    너는 나보다 셰익스피어를 좋아한다 보일 듯 말 듯 미소를 짓는다

    방금 나도 그렇게 애매한 밀실 같은 미소를 지었을까

    나와 너는 새에 대해 이야기하고 싶다

    나와 너가 말할 다음 새는 마카롱을 먹는 새가 될 것이다

    같을까 우리는 조심스럽다

    많이 내리고

    저녁에는 담장이 자란다

임호상

붉은 그녀, 동백

● 임호상

선운사 동백도 그렇고
구례 화엄사 홍매 그녀도
만만치 않다는 소문이다
그래도 칼바람 맞아가며 살아온
오동도 동백만 할까
그녀들은 붉다, 그녀들은 짙다
대충 건드려볼 심상이면
눈길도 주지 마라
미치도록 사랑할 수 없다면
다가서지 마라
한번 정 주면 목숨까지
툭, 툭,
버릴 줄 아는 붉은 그녀
목숨 걸고 사랑할 수 없다면
발자국 소리도 들리게 하지 마라
속 감출 줄 모르는 그녀
오늘, 더욱 더 붉어질라

154_
한이나

하루의 파도에 실어보냈다

파랑의 형식
● 한이나

파랑은 바닷가에 두고 온 사랑의 형식이다
울트마린에 0.1프로의 기쁨을 섞으면
가장 밝은 파랑이 되고
99.9프로의 우울을 섞으면
가장 어두운 파랑이 되었다

나는 해변의 길 잃은 구름
진한 슬픔 청색시대였다가
파랑을 찾아 꿈속까지 뒤지는 일

사랑하지 않으려고 애썼던 마음이다

세상이 온통 파랗게 보였다
산토리닉의 둥근 지붕, 론강의 밤하늘
슬픔에 잠긴 성모마리아가 기도하는 모습의
저 파란 망토까지,

파랑의 기쁨과 우울을 딱 절반씩 섞어

하루의 파도에 실어 보냈다
형식을 걷어내면 파랑 안의 흰색, 순결무구만 남는다

158_
장시우

당신은
고요하고
싶어한다

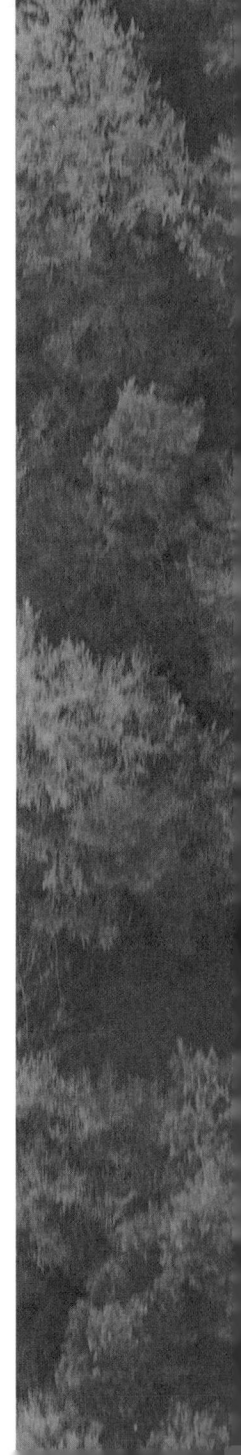

물이 묻는다
● 장시우

당신은 고요하고 싶어 한다

그런데 어떤 고요를 원하시는지
자잘한 소란쯤 무시할 수 있는 배포는 가졌는지
이를테면 문틈으로 새어 들어오는 시간 같은 것
지나가던 비가 난간을 두드리는 간격 사이의 정적
산그늘 아래로 어둠이 밀려올 때
심장의 두근거림 같은
혹은 새벽이 아침으로 낮을 바꾸는
그 찰나의 소요
간헐적으로 들려오는 자동차 소리는 어떠신지
당신에게 몇 등급의 고요를 드려야 할지
나는 잘 모르겠어서
고요에게 대신 물어봐 드리려고

당신은 당황하며 침을 꿀꺽 삼킨다
그러나 당신이 삼켜야 할 것은
침묵이나 침묵 같은 것

>
오늘은 물 안이 무척 잠잠하니
물의 바깥도 그러하리라
그러므로
당신의 고요도

이윤정

라일락
꽃앞에
서있다

라일락과 한철
● 이윤정

라일락꽃 앞에 서 있다
이렇게 당신을 본다는 것이 꿈은 아닐까 생각하다가
꽃의 말을 듣느라 밤이 늦은 줄도 모르고
소곤거리는 저 말 다 듣느라 창을 닫지 못했다

내가 건넨 말을 버리고 떠난 당신을 생각하는 밤은 짧고
라일락이라는 말을 반복하면
고요가 깨어지고 잊고 있던 얼굴이 걸어 나온다
당신 말에는 향기가 났고 우리는 그 밤을 떠나지 않았다
바람에 날리는 꽃무늬 원피스에서
이야기는 끊임없이 흘러나왔다

그해 봄은 어디쯤에서 멈출 것인지
예측할 수 없는 날을 흘려보냈다

원피스가 오래되어 낡았을 거라는 생각은 잘못되었다
꽃을 본다
이렇게 꽃의 말을 다 들어준다

그 말은 빛과 같아서 사그라지면 언제 다시 올지 모를 이야기를 듣
는다
　　당신을 놓지 못하고 듣는다
　　오래전 보았던 얼굴이 내 앞에서 웃고 있는
　　처음 보는 꽃이 내 앞에 서 있다
　　나는 아직 당신을 보내지 않았다

사랑한다고
말해서
나는 너를
따라갔다

친절하게도

● 서정연

사랑한다고 말해서
너를 따라갔다.

너는 때로는 삵처럼 신중하고 민첩하고 비를 맞은 듯 또한 축축하기도 했다. 친절하게도 처음으로 거웃이 선명한 성인용 잡지를 보여주었다. 영화를 보고 나오는 어느 날은 친절하게도 상영관 벽에 나이 이른 여자를 세차게 밀치며 영화 속 흥분한 사내처럼 코피를 흘렸다. 친절하게도 너의 불룩한 아랫도리를 보여주기도 하였다. 해주지 않으면 떠나겠다고 말하기도 하였다. 해준다는 것이 무엇인지는 몰랐으나 버림받아 혼자 남겨진다는 것은 무서웠다.

엄마는 오지 않았다.

죽은 형 이야기를 할 때는 슬퍼 보여서 너를 따라 무덤에 갔다. 너는 친절하게도 무덤가에서 손목시계를 보며 여자의 치모를 헤집고 정점에 도달하는 시간을 쟀다. 묏등의 띠는 삐비처럼 보드라운 여자의 등을 할퀴었다. 달리 할 일이 없는 여자는 몸을 빠져나왔다. 여자는 여자를 지켜보았다. 맑은 햇살이 눈을 찔러서 여자는 여자에게 이

것은 내가 아니야, 라고 친절하게 말해주었다.

　나는 내가 아니니 나는 안전하다.
　너는 때로는 비에 젖은 살쾡이처럼 은밀하고 날렵했다. 이것이 마지막이라고도 했다. 여행을 떠났다. 너를 따라 섬에 갔다. 친절하게도 너는 각본을 가지고 있었다. 첫 술을 마셨고 나는 너의 의도를 알지 못했다. 뱀의 허물을 벗은 너의 알몸은 친절하게도 흉기였다. 목을 짓누르는 늪 같은 공포가 엄습했으므로 나는 나에게 이것은 내가 아니야, 라고 친절하게 말해주었다. 나는

　친절하게도 섬에 갇혔다.

적설

● 문인수

그곳엔 지금 펑펑, 눈이 많이 온다고,
너로부터 화이트크리스마스! 화이트크리스마스! 환호를 듣는다.
환호를 들으며 덩달아
나는 즐겁다. 너는 벌써 몇 시간째
그 산중, 어느 마당을 밟고 있다.

너로부터 종일 눈 소식을 듣는다.
여긴 전혀 눈 오지 않지만 뽀드득, 뽀드득,
눈이 쌓여서 나는
너의 자그러운 발자국 소리를 듣는다.

제4부

바다가 우리를 데려다주리라

이원

    자주 눈이 오는 곳으로 신혼여행을 다녀왔다. 초여름에 굳이 두 번씩 경유하며 찬 대륙으로 갔던 건 도시에서 만나지 못하는 광경을 오래 그리워했기 때문이다. 호수가 보이는 곳에 숙소를 잡았다. 찬찬히 산 부근을 걷거나 바다에 머무는 시간이 전부였으나 여태 다시 돌아가는 기억이다. 상징적으로도 실제적으로도 자연은 회귀의 품이 되어 준다.

    획득하기 어려운 마음이 있다. 독자적으로 이뤄지는 일들. 눈발이 떨어질 때만 도착하는 안도가 있다. 물가만 줄 수 있는 다정함이 있고. 흙이 건네는 평평한 인내가 있다. 둥글게 태어났다 둥글게 사라지는 파장과 하얗게 왔다 더 하얗게 부서지는 물의 양식도 있다. 사라질 것을 알면서 끝내 오기로 하는 의지가 있다. 가지가 끝나는 곳에 미리 와 있는 허공이 있다. 모두, 우리를 대변하는 순간들이다.

제4부 바다가 우리를 데려다 주리라

대변되는 마음 부근에서 쉼을 얻을 수 있는 건 어쩜 우리 깊숙이 물기가 있고 쌓여가는 눈발이 있고 산세가 있기 때문이겠다. 스스로 주목하지 않으면 주목되지 않는 곳에, 여전히 우리가 없기 때문이겠다.

소재로 만나거나, 이미지로 조우하는 자연은, 늘 몸으로 마주하는 것보다 초라할 테지만 우리는 계속 그것을 쓰고 그리고 찍고 있다. 가까이 있다. 각자에게 가능한 가까이의 방식으로. 지나간 세대에도, 우리가 시작되었던 때에도. 스크린으로 창이 가려진 오늘날 구태여 달을 노래하고 몸을 포기하는 이파리와 얼어붙은 강가의 속내를 탄식하는 건 시대 사이로 버티는 그 마음들이 결국 하나의 기저로부터 오기 때문일지도 모르겠다.

176_
이재훈

바람이
가만히
다가와
상처를
매만지다

바람의 손자국

● 이재훈

　변주곡은 없다. 형상이 없는 바람의 몸. 골목길에서 바람을 기다린다. 당신의 비명을 생각한다. 의미는 사라지고 거짓은 시작된다. 이 골목은 바람의 산란처다. 보이지 않는 고통과 피비린내가 진동한다. 슬픔도 없이 생일이 지나간다. 바람에겐 애도가 없다. 어깨와 가슴과 배꼽으로 들어오는 날카로운 바람의 체온. 주위엔 모두 썩어질 것들 뿐이다. 몸도 기억도 분노도 희망도. 한때 바람을 잡으려 온힘으로 애를 썼다. 무릎으로 돌밭을 뭉개고 가시덤불을 손으로 헤쳤다. 언덕에 올라 헐떡거리며 먼저 지나간 바람을 멍하니 보곤 했다. 바람은 늘 넉넉하지 않았다. 어딘가로 모질게 떠밀기만 했다. 이제는 기다려도 오지 않는 바람. 세상의 시간이 덩어리로 지나간다. 따지고 보면 보이지 않는 곳까지 건넌 적이 없다. 골목길에서 바람과 마주한다. 길에서 얻은 옆구리 상처가 도진다. 바람이 가만히 다가와 상처를 매만진다.

180_
이혜미

얼어붙지
않기위해
지속적인
눈물이
필요했다-

눈송이의 감각

● 이혜미

배관공과 함께한 겨울은 따뜻했다

밤이면 벽 너머로 눈들이 자라나고
얼어붙은 나뭇가지를 벽난로에 던져 넣으며
나무들이 추운 발가락을 길게 내뻗는 소리를 듣는다

오래된 쇠붙이를 창밖으로 흩어 내버리면
차갑게 물드는 영혼의 팔다리들

버려질 때 가장 아름다워지는 옛 장신구들처럼
희미해지는
겨울의 배관들

너는 내 손목에 귀를 대고
먼 땅에 파묻힌 수관을 불러온다

나는 굳어가는 물방울처럼 이목구비를 잊고
핏줄을 떠올리는 동안 손발이 서서히 꺾여나가고

>

얼어붙지 않기 위해
지속적인 눈물이 필요했다

폭설이 닿은 자리에 회백색의 나무들이 빚어진다
부러진 손가락을 하나하나 벽난로 속으로 밀어 넣으며
우리는 젖은 나무를 껴안고 타올랐다

극한
가뭄에도
시들지 않는다

근성

● 권달웅

극한 가뭄에도 시들지 않는다.
악착같이 뿌리를 뻗는
질경이 민들레 강아지풀은,

짓밟히고 뿌리 뽑혀도
죽지 않고 살아나는 독기는
흙의 피를 물고 있다.

사람과 거리를 두면서도
멀리하지 않고 달라붙는다.
온몸에 가시 돋아난
엉겅퀴 도꼬마리 도깨비바늘은,

어둠이 짙어질수록 살아나는 별,
수많은 시련을 이겨내면서
큰 나무 틈서리를 비집고 작은 풀들이
세력을 확보해나간다.

\>

두렵고 위험해도
강을 건너뛰는 누 떼처럼
약한 것들이 군락을 이루어 스크럼을 짜고
저 언덕을 시퍼렇게 덮어나가는
풀의 질긴 힘은,

나무는 꽃을 놓아주었으나
● 홍지헌

원 없이 원 없이 봄꽃 피더니
꽃잎들, 훨훨
나무 밑으로 날아 앉는다

나무는 꽃을 놓아주었으나
바닥에서 한 번 더
질펀하게 피는 꽃

향기와 분홍을
차마 버리지 못하는 꽃잎들 옆에
한참 앉았다 일어선다

그래, 어디로든 가보자
어디서든
한 번 더 꽃피우기 위해

꽃 없이 지내기엔 남은 날이 너무 길다

식탁보에 꽃이 수 놓아져 있다
바람이 불면
나는 가시넝쿨을 뒤집어쓴다
창밖이 보이지 않아
벽을 기어오를 때
빈 접시들을 떨어뜨리고
나의 두 팔을 같게 떨어뜨릴 때
식탁보는 돌아서는 것이다
이미 불타버린 채
내 이름을 기억하는 것이다
지내는 동안
어디선가 무섭게 꽃이 번지고 있어서
불이 눈을 뜨고 있어요
불과 나 사이에는
아무것도 없어요
잠시 얼굴을 묻어보았을 뿐인데
아침은 없고
아침을 닮은 고요만 남아 있듯
식탁보에 꽃이 수 놓아져 있다
덮지도 펼치지도 못한 채
바람이 분다

—신동혁, 「발화」

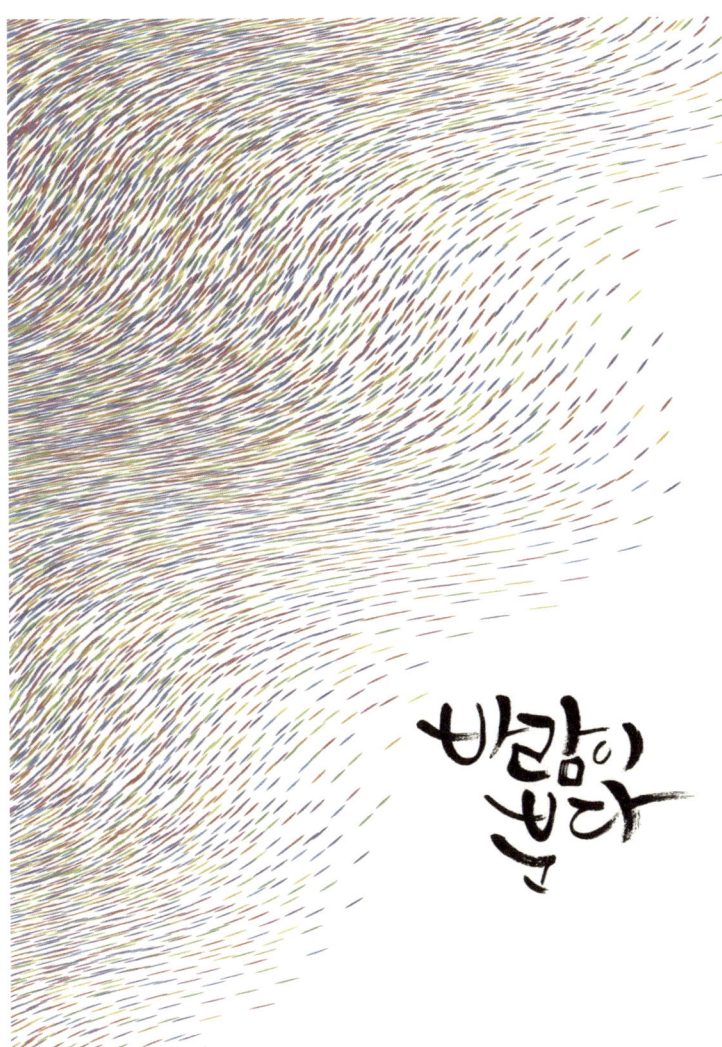

고주희

비밀은
빛에서만 존재하네

현기증

● 고주희

페리도트, 라피스라줄리……
발음이 근사해

나의 탄생석은 자수정보다 라피스라줄리였으면 하는데
탄소 수소 질소 결국 비밀로 단단해지는 구성들
믿기지 않게 그 빛은 육중해서 아침 열 시의 태양과
오후 끝자락의 타는 태양이 큐비즘 화폭일 때
남는 것은 결국 바람과 편향된 시선과 긴 부츠와 낡은 레코드 더미 밖에 없어
 간간히 흔들리며 버티는 야생화

누가 내 기타에 보라색 전류를 심었나

소립자의 궤적들을 좇는 밤마다
처음이라는 취조에 들어 거짓 하품을 쏟아내는 꽃잎들
매장된 어둠의 코드를 어떤 식으로 기록하나
감전을 모르는 손가락은 어떤 의지에서 시작되나
처음 눈뜬 사람들이 이마를 붙잡고 아득할 때도

기타는 반복되는 한 구절만 노래하네

페리도트, 라피스라줄리……
비밀은 빛에서만 존재하네

여섯 줄로 못 갈 곳 없는 노래들
악상이 떠오르면 통증이 따라오는 빛의 서열은
일 년 열두 달
죽는 관습이 없네

나 오늘밤
절벽에게
고백할래

푸시(push)

● 하린

나 오늘밤 절벽에게 고백할래

사람은 새가 될 수 없지만 새를 품을 순 있다고 털어놓을래

새를 꺼내는 그 순간, 1초 동안의 긴 고백

속울음까지 들킬 것 같아

불편이나 불안의 차이를 알 필요 없을 것 같아

노크를 하듯 툭, 머리로 지구를 한번 두드려볼래

손을 쓰지 않은 채 밀고 있는 사람들을 위해

미리 써놓은 편지를 방치해둔 채

절벽 아래 스프링이 없어도

>

몸 안에서 잔뜩 부풀길 좋아하는 관념어들을 위해, 폴짝 뛰어볼래

물론 고백은 자정이 적당하겠지만

자정이 지나도 계속해서 어둠 다음은 어둠이겠지만

한 번의 고백으로 절벽 없는 날이 찾아올 순 없겠지만

나 오늘밤 절벽에게 반드시 고백할래

어중간한 태도와 가면을 전부 벗어던지고

불편한 괴물들을 끝장내 볼래, 진짜로 훌쩍

망고나무 씨앗도
깃을 편다

망고나무와 검은 돌

● 김경성

나뭇잎이 빙그르르 맴돈다

망고나무 몸속의 것을 파내고 물을 들여놓으니
나이테가 풀리면서 물이 흔들린다

씨앗에 날개를 달아서 가벼운 망고나무 그릇
우기의 바람과 비를 들인 탓에 물 위에서도 둥둥 뜬다

나뭇잎이 깨어나서 푸른 말을 뱉어내니
아프리카 검은 돌 속의 물고기 지느러미도 꿈틀거린다

몇억 년 전 어떤 기류에 휩싸여 몸을 움츠리고 호흡을 멈추었을 때
물과 빛은 사라지고 긴 잠에 들어 말문을 닫았던

망고나무 그릇 옆에 검은 돌접시를 놓으면
얼룩말에 앉은 흰 새가 날갯짓하고
망고나무 씨앗도 깃을 편다

조각갈을 내면 흰 깅줄기가 흐른다는 아프리카 검은 돌 속에서 나온 물고기가 팔딱거린다

   망고나무 푸른 그늘을 도려내어서 검은 돌접시에 담아놓자 강물이 출렁인다

   잃어버렸던 우리들의 말들이 깨어나는 순간이다

저 혼자 밝은 저 달이
그냥 섧고 미울 뿐

뻐꾸기 울음 속의 찬밥 한 끼

● 박기섭

외롭다면 은을 주고
서럽다면 금을 주나
은을 준들 뉘를 주고
금을 준들 뉘를 주나
금이야 은이야 말고
한 끼 밥을 나를 다오

금붙이 은붙이서껀
울음 새경 받아놓고
봄 하루 묵정밭을
겨릿소로 갈아엎고
묵은지 찬밥일망정
허기 면하면 됐지

밉기는 누가 밉노
난 아무도 안 밉다
섧기는 누가 섧노
난 하나도 안 섧다

저 혼자 밝은 저 달이
그냥 섧고 미울 뿐

바닷길
우리를
데려다
주리라

바다가 우리를 데려다 주리라
—생명의 환(幻)

● 김추인

얼음의 땅 그곳에 가고 싶다
그곳에 가 황제의 숲을 방문하고 싶다

눈이 안 닿을 빙토 위 숲은 촘촘히 서 있고
보드라운 깃털들 하염없이 바람 부는 쪽으로 날릴 것이다
움직이는 숲을 알고 있다
몸에 몸을 붙이고 부리를 묻고 눈 폭풍 지나가기를 기다리는

주황색 목도리가 선명한 황제는
우아하게 걷고 품위 있게 사랑을 부르리라
황제이니까
따뜻한 해풍 따위 등 따습고 배부름 따위
헛것을 꿈꾸지 않으리라
아버지가 아버지의 아버지가 그리했듯
그리 폭풍을 견디었듯 눈 폭풍을 맞고 섰을 것이다
지금은 숲이 알을 품을 때
어쩌면 벌써 둥근 우주 한 분씩 발등 위에 모시고 황제는
아버지의 시간을 보내고 섰을지도 모를

얼음송곳 찔리는 맨발 위에 기도를 얹고 서 계신 그곳으로

바다가 우리를 데려다 주리라
남위 75° 동경 165° 남극의 로스 해
아버지의 시간이 눈부신 황제펭귄의 쿨민 섬으로

빨간 사과가 학술원에 드리는 보고

● 한현수

어찌하다가 여기까지 왔다
야생을 포기하고
화살표를 따라 출구를 찾아 왔으니
자유와 상관없는 일이다
살아남기 위해 누가 들어도
솔깃할 만한 인간의 언어가 필요했다
제발 사랑해 주세요, 절박함을 담아
보암직하고 먹음직하게
한 계절 허공에 매달렸다
누구는 낯설지 않게
서로 길들이게 하는 말이 좋다 하고
누구는 시인의 언어를 모방하라 하고
어찌할 줄 몰라
그만 빨간 입술을 다물었다
출구를 찾다가
인간을 닮은 사과가 되었다

나는 목검에서 나는 바람 소리를 좋아한다

● 김경철

천자문을 펼치자

한 무사가 허공에 빠르고 날렵한 목검을

휘두르고 있다

하늘 천

땅 지

검을 현

누를 황

무사가 밟고 지나가는 자리마다

찔리고 베어진 벚꽃잎들이 수북하다

>

붓처럼 꼿꼿하게 선 무사는

목검이 자신이고

자신이 목검이 되어

무와 문이 하나로 통하는 그 순간까지

발검을 멈추지 않는다

베어진 것은 허공이지만

땀방울로 충만한 몸은 바람이 된다

무사가 사라지고

천 개의 한자가 새겨진 천자문은

허공으로 가득하다

새가 날자, 나뭇가지가 써 내려간

글자가 아이의 눈빛에 새겨져 있다

복사꽃이 떠내려 온 근원(根源)

● 박희수

청년들은 시를 품고서 전장에서 죽어간다*

시는 그런 쓸모가 있는 것

그는 시를 생각하며
카센터 건너편의 길을 걷는다
그곳은 먼지 냄새가 나고
학교에서 넘쳐흐른 덩굴로부터
능소화가 피어나는 곳

더위로 꽃들은 말라 있다
관목 사이에는 두터운 거미줄
거미들도 말라 있다

길 한편에선 레미콘이 시멘트를 쏟고

그는 시를 생각하며
뜨거운 거리를 걸어간다

\>

그곳은 편의점의 차양

그곳은 불이 꺼진 간판들

그곳은 뿌리를 드러낸 지하

땅속을 헤집는 인부들

어느 날 어부는 물가에서
복사꽃이 몇 떠오는 것을 본다

물길을 거슬러 바위틈을 지나자

새로운 동천(洞天)
곳곳마다 환하게 꽃이 피고
전쟁을 모르는 사람들이 밭을 가는

그곳으로 가는 길을 어부는 기억하지 못한다

\>

그는 시를 생각하며 길을 걷는다

청년들은 시를 품고서 죽어간다

그것은 쓸모 있는 것
그것은 쓸모 있는 것

죽어간 사람들을 기억할 때
어디선가 환한 바람이 불어온다

나는 너를 기억하고 있다

---

*오에 겐자부로.

움크린 발톱이
물음을 키운다

묘생(猫生)에 관한 질문
● 이정원

웅크린 물음이 웅얼웅얼 발톱처럼 자란다

밤을 굴리는 나의 간지(干支)는 묘생
담즙의 시간, 묘하게 궁금한 게 많아 늘 등을 구부린다

야생의 전력을 무기 삼아 무어든 긁고 싶지만 일단 꼬리를 말고 기다린다 꼬리표처럼 따라다니는 물음표를 베고 이슥하게 눕는다

얼핏 뛰어넘었던 어제의 담은 실은 높은 궁지다 어엿해 보이려는 객기다 착지의 순간에도 별 속으로 달아나 숨고 싶다

새끼들의 얼룩이 어미 명치의 굴곡을 닮아 뒹구는 술병이나 깨진 화분 조각에 마음 베이는 날 잦다

다리 접질리는 날이라야 실컷 운다 허공을 찢어본다 허공은 밤에도 파랗게 날이 선다

배회하며 궁리가 길다 뾰족한 울음의 발자국 깊이 파이면 동동거

리는 발목에 누가 방울을 달러 올까

  한밤을 꺼내다 겨드랑이가 젖는다

  태생(胎生)의 습성으로 눅눅한 질문을 그렁그렁 별에게로 던져 보는

  웅크린 발톱이 물음을 키운다

김재근

달 위를 걷는 고양이

달과 6펜스 앤드 고양이

● 김재근

밤이 담장을 넘어온다
꼬리는 점점 구부러지고
발톱은 뾰족해지지

형광펜으로 당신의 얼굴을 그린다
멀리서도 잘 보이는 유령들을 위해
눈 코 입 그려주면 달빛은 말랑거리지

달 위를 걷는 고양이
혼잣말하는 고양이

계수나무와 계피나무를 구별 못하듯
울음이 울음을 불러 모으듯

바람을 모으는 밀밭
밀밭을 떠도는 바람

여기 주인은 누구입니까

여기 주인은 아직 손님입니까

소리도 없이
고요만 남은 흰 달처럼

접시에 뜬

고양이

자신의 울음이 자신의 눈동자가 되듯

몸은 웅크려진다

어떤 순간이 혼잣말일까
달빛 추워지는 여기는
누군가의 멸망하는 입술이기에

에필로그_

시는 늘 내 옆에 있었다. 아니 우리 옆에 있었다. 교과서에서 봐오던 맑은 시로 시작해서 사춘기 무렵 다가왔던 사랑의 시, 지금은 인생을 여러 각도로 보게 만드는 시까지 늘 우리 옆에 있었다. 어릴 적 내 일기장에는 어설프게 적어 내려간 시가 드문드문 보인다. 창가에 앉아서 하늘을 보면서 시를 쓴 적도 있다. 지나가는 행인들을 바라보며 시를 쓴 적도 있다. 어쩌면 누구나 한 번쯤은 시인을 꿈꿨을지도 모르겠다.

그렇게 성인이 되고 나는 다시 시를 만났다. 많은 시인들이 자신의 감정을 담아낸 그 시를 캘리그라피로 표현하는 일이 나에게 주어졌다. 시인들의 감정을 그대로 표현하기에는 불가능한 일이었다. 그래서 나는 부담감을 버리기로 작정했다. 독자의 시각으로 시를 읽고 나의 삶에 맞추어 캘리그라피로 적어 내려가기 시작했다. 시인들이 시를 쓸 때 선택하는 단어에 감탄한 적이 많았다. 모든 의미가 숨겨져 있는 한 줄의 문장 또한 마음을 흔들었다. 시 전문에서 느껴지는 감정을 표현한 적도 있고, 한 문장에서 받은 느낌을 담아내기도 했다. 시는 읽는 사람에 따라, 혹은 그의 인생의 굴곡에 따라 다른 감성으로 다가가기 때문에 내가 표현한 것과 독자가 느끼는 것이 다를 수 있다. 작가와 캘리그라피 디자이너 그리고 독자가 서로의 다름을 인정하고 다름을 비교하며 책장을 넘기는 것도 묘미 중에 하나이지 않을까 싶다.

월간 《시인동네》에 2년 남짓 기간 동안 캘리그라피 연재를 하면서 전혀 다른 분야를 공부하는 기분이었다. 그동안 아트디렉터로 활동하면서 수많은 타이틀과 카피를 캘리그라피로 표현해왔지만 그것과는 또 다른 느낌이었기 때문이다. 지금까지 디자인을 돋보이게 하기 위한 캘리그라피를 적었던 반면 월간 《시인동네》에 연재했던 캘리그라피는 신중에 신중을 더하게 했다. 시를 글씨라는 '모양'으로 표현하기 위해 고민하는 자체가 참 어려웠고 그로 인해 더 성숙해진 것 같다. 인쇄가 되어서 나온 작품을 보면서 가슴 한편이 먹먹하기도 했다.

　시는 아날로그다. 담백한 아날로그의 시들을 텍스트와 캘리그라피로 보면서 독자들에게 쉼이 되는 책이 되었으면 하는 기대를 가져본다.

2019년 12월
최선영 | 캘리그라퍼

이 도서의 국립중앙도서관 출판시도서목록(CIP)은 서지정보유통지원시스템 홈페이지(http://seoji.nl.go.kr)와 국가자료공동목록시스템(http://www.nl.go.kr/kolisnet)에서 이용하실 수 있습니다.(CIP제어번호: CIP2019050891)

캘리로 읽은 시

ⓒ이훤 엮음 | 최선영 캘리그라피

초판 1쇄 인쇄 _ 2019년 12월 16일
초판 1쇄 발행 _ 2019년 12월 23일
지은이 _ 이훤 엮음 | 최선영 캘리그라피
펴낸이 _ 고영
책임편집 _ 서윤후
디자인 _ 헤이존
펴낸곳 _ 문학의전당
출판등록 _ 제2017-000002호
주소 _ 서울시 마포구 마포대로 11길 91, 3층
전화 _ 02-852-1977   팩스 _ 02-852-1978
전자우편 _ sbpoem@naver.com

ISBN 979-11-5896-448-1 03810

*이 책의 판권은 지은이와 문학의전당에 있습니다.
*양측의 서면 동의 없는 무단 전재 및 복제를 금합니다.
*잘못 만들어진 책은 바꿔드립니다.

값 14,000원